Mein privates Kochbuch

Shanghai Küche

Mein privates Kochbuch
Shanghai Küche

von

Yun Hua

IMPRESSUM

Copyright © 2021 Yun Hua
ISBN: 978-3-347-32909-6 (Paperback)
978-3-347-32910-2 (Hardcover)
978-3-347-32911-9 (e-Book)

Verlag & Druck: tredition GmbH
Halenreie 40-44, 22359 Hamburg
Covergestaltung: Yun Hua
Redaktion: Chunhui Gu
Fotos: Yun Hua

Die Deutsche Nationalbibliothek verzeichnet diese Publikation in der Deutschen Nationalbibliografie.

Das Werk, einschließlich aller seiner Teile, ist urheberrechtlich geschützt. Jede Verwertung ist ohne Zustimmung des Verfassers unzulässig.

Updates und Tipps auf Homepage:
www.cspecial.de/yun

Die schlechteste Tinte ist besser als das beste Gedächtnis

– Chinesisches Sprichwort

Vorwort

KOCHEN ist meine Leidenschaft geworden, seitdem ich von China nach Deutschland gezogen bin. Mein Motto lautet: Gesund und einfach kochen!

Basierend auf meinen Grundkenntnissen aus Shanghai habe ich inzwischen viel Lob von meinen Freunden, Bekannten und Nachbarn erhalten. Alle möchten wissen, wie ich chinesisch, vor allem im Shanghai-Stil koche. Es ist gar nicht so einfach, alles mündlich zu schildern. Nun habe ich ausgewählte Rezepte mit meinen sogenannten »Geheimnissen« in diesem Buch niedergeschrieben und durch Fotos, Anmerkungen und unterhaltsame Geschichten ergänzt. Ich hoffe, dass es allen Interessierten weiterhelfen wird.

Inhalt

1. Frühlingsrollen Shanghai 15
2. Gong Bao Huhn 21
3. Rührei mit Tomaten und Champignons 27
4. Geschmorter Tofu 34
5. Pochiertes Rindergeschnetzeltes 41
6. Kartoffelpfannkuchen mit Eiern 46
7. Ameisen am Baum 51
8. Grüner Spargelsalat vegan 58
9. Auberginen-Lachs-Pfanne 62
10. Chinakohlsuppe mit Fleischklößchen 69
11. Fischsuppe mit Sauerkraut 73
12. Schweinefleisch mit Fischgeschmack 81

13. Shanghai-Reispfanne 87

14. Cola-Hähnchenflügel 92

15. Blitzrezept: Mais mit Trauben 97

Quellverweis Chinesisch 100

1. Frühlingsrollen Shanghai

 **Legende:**

Der Überlieferung nach gab es während der Song-Dynastie vor 1000 Jahren einen Gelehrten in Fuzhou in Südchina, der bei der Arbeit oft vergaß, zu essen und schlafen. Es fiel seiner Frau schwer, ihn immer wieder zum Essen zu überreden. Dann überlegte sie sich einen anderen Weg: Sie erfand einen Pfannkuchen aus gemahlenem Reis, füllte den dünnen Pfannkuchen mit Fleisch und wickelte ihn in Röllchen. Sie ließ die Röllchen auf dem Schreibtisch seines Mannes liegen, so dass er jederzeit selber zugreifen konnte. Als es im Winter zu kalt wurde, ließ sie die Röllchen im heißen Öl kurz braten. Es hat ihrem Mann dann so gut geschmeckt, dass er immer wieder nach den Röllchen griff. Später wurde der Teig aus Weizenmehl gemacht und die Füllung wurde auch vielfältig. Das Rezept wurde allmählich in Südchina populär. Es wurde sogar in die Liste der 128 besten Gerichte im kaiserlichen Palast aufgenommen und »Frühlingsrollen« genannt, weil man es auch gerne während des Frühlingsfestes als Snack aß. In Shanghai unterscheidet sich die Füllung von denen aus anderen Regionen Chinas mit Chinakohl als eine der Hauptzutaten. Die Frühlingsrollen aus Shanghai schmecken daher auch zarter als jene mit anderen Füllungen.

Arbeitszeit: ca. 45 Minuten   **Ruhezeit:** ca. 45 Minuten

Gesamtzeit: ca. 1 Stunde 30 Minuten

Zutaten für 20 Frühlingsrollen:

- Tiefgefrorene Frühlingsrollenblätter 215 mm x 215 mm
- Karotten 200 g
- 200 g Schweinefleisch-Filet
- 1 Stück Chinakohl ca. 500 g
- 3 Stück getrocknete Tongu / Shiitake -Pilze (optional)
- 2 EL Reiswein oder alternativ Sherry, Bier
- 10 g Glasnudel (optional)
- Speisestärke
- 3 Knoblauchzehe(n), fein gewürfelt
- Salz, helle Sojasauce oder Würze
- Weißer Pfeffer gemahlen
- Neutrales Pflanzenöl zum Frittieren

Zubereitung:

1. Die getrockneten Tongu-Pilze (Shiitake-Pilze) etwa 15 Minuten in lauwarmem Wasser einweichen und die Teigblätter auftauen, aus der Packung entnehmen und mit einem feuchten Tuch bedecken. Die Tongu-Pilze können auch weggelassen werden, falls nicht erhältlich.
2. Das Schweinefleisch in feine Streifen schneiden und 2 Teelöffel helle Sojasauce oder Würze, 2 Esslöffel Reiswein (alternativ Sherry / Bier), 1 Prise Pfeffer hinzugeben und mit 1 Esslöffel Speisestärke gut mischen und im Kühlschrank für ca. 10 Minuten marinieren.
3. Die Chinakohlblätter waschen, klein schneiden. Die Karotten mit Küchenmaschine oder manuell raspeln, die eingeweichten Tongu-Pilze zerhacken. Die Glasnudeln mit heißem Wasser übergießen, abtropfen lassen und in Stücke schneiden. Die Glasnudeln dienen zum Trockenhalten der Gemüsefüllung, können auch weggelassen werden durch dickere Abbindung mit Speisestärke.
4. Etwa 1 Esslöffel Öl im Wok erhitzen und das marinierte Fleisch aus dem Kühlschrank zuerst mit 1 Esslöffel Pflanzenöl gut umrühren dann im heißen Öl

für ca. 2 Minuten durchbraten und auf einem Teller abkühlen lassen.
5. Etwa 1 Esslöffel Öl im Wok erhitzen, fein gewürfelte Knoblauchzehen darin kurz anbraten, alle übrigen Zutaten mit etwa 1 Teelöffel Salz und 1 Prise Pfeffer einrühren und zusammen etwa 5 Minuten braten. 1 Esslöffel Speisestärke in 2 Esslöffel kaltem Wasser umrühren und hinzugeben, anschließend das Fleisch hinzumischen und mitbraten, abschmecken, evtl. noch etwas nachwürzen und mit Speisestärke abbinden, abkühlen lassen.
6. Die abgekühlte Füllung (je ca. 2 Esslöffel) in die Teigblätter wickeln und die Frühlingsrollen mit dem Schluss nach unten im Öl goldbraun frittieren.

Servieren: Je nach Geschmack mit Balsamico-Sauce, Essig-Chili-Sauce oder Sweet-Chili-Sauce warm servieren.

Geheimtipp: Mit »Worcestershire sauce« schmeckt es noch besser.

2. Gong Bao Huhn

 **Geschichte:**

Vor etwa 150 Jahren gab es in Chinas Provinz Sichuan einen berühmten Gouverneur namens Ding Baozhen (1820-1886), der wegen seiner Unbestechlichkeit, Aufrichtigkeit und Wohltätigkeit bei den Menschen sehr beliebt war. Er hat die erste Maschinenfabrik in Sichuan gegründet, und damit das moderne Industriezeitalter in der Region eingeläutet.

1869 gründete der Gouverneur die Shangzhi-Akademie, wo neben der Lehre des Konfuzianismus auch Naturwissenschaft inklusive Astronomie, Geographie und Mathematik gelehrt wurden. Darüber hinaus hat Ding Baozhen den Shandong Verlag, den ersten modernen Verlag in der Region, gegründet. Er nahm auch persönlich an der Zusammenstellung der berühmtesten Bücherreihe des Verlags »Die Dreizehn Klassiker« (die kanonischen Bücher des Konfuzianismus) teil.

Während seiner Amtszeit hat er für die Wohltätigkeit sehr großzügig gespendet, so dass er kurz vor seinem Tod infolge schwerer Krankheit sogar hohe Schulden aufgebaut hat. Er schrieb in seinem Bericht an Kaiser Guangxu: »Es wird schwierig, das geliehene Silber in diesem Leben zurückzugeben; ich werde es in meinem nächsten Leben zurückzahlen.« Kaiser Guangxu war tief berührt und verlieh ihm den Titel »Gong Bao«, einen der höchsten Titel des Kaisers.

Ding Baozhen war zugleich ein Feinschmecker seiner Zeit. Er unterhielt Gäste oft mit von ihm persönlich erfundenen Gerichten, darunter das Gericht »Gong Bao Huhn«, das aus Hähnchenwürfeln, Erdnüssen, Gemüse und Chilischoten hergestellt wurde. Das Gericht wurde später von anderen Menschen zu Ehren seiner Exzellenz des Gouverneurs nach seinem Amtstitel benannt. Aufgrund der weiten Verbreitung dieses Gerichts gibt es viele verschiedene Varianten von Ort zu Ort mit gewürfeltem Schweinefleisch, Hühnerfleisch und sogar mit »Gong-Bao-Tofu«, wobei anstatt des Hühnerfleisches wahlweise Schweinefleisch oder Tofu, in Würfeln geschnitten, verwendet wird. Als sich »Gong-Bao-Huhn« nach Westen, insbesondere in Ländern wie Großbritannien und den Vereinigten Staaten, verbreitete, wurde »Gong Bao Chicken«, je nach Aussprache aus diversen chinesischen Dialekten, auch zu »Kong Pao Chicken« oder »Kung Po Chicken« transkribiert. »Gong-Bao-Huhn« wurde zum Synonym für chinesische Küche, vergleichbar mit Spaghetti Bolognese in der italienischen Küche.

⏱ **Arbeitszeit:** ca. 15 Minuten   ⏱ **Kochzeit:** ca. 10 Minuten

⏱ **Gesamtzeit:** ca. 25 Minuten

 Zutaten für 4 Personen:

- Hähnchenbrustfilet o. Ä. 250 g
- Karotten 100 g
- Gurke 100 g
- Erdnüsse geröstet 50 g
- 1 Stück Frühlingszwiebel ca. 15 g
- 1 Stück roter Peperoni oder Trockenchili 5 g
- Helle Sojasauce oder Würze
- Dunkle Sojasauce (optional)
- Dunkler Reisessig o. Balsamico-Sauce
- Reiswein oder alternativ Sherry
- Ingwer ca. 5 g
- 2 Knoblauchzehen
- Speisestärke 1 EL + Wasser 1 EL
- Chinesischer Szechuan (Sichuan)-Pfeffer (optional)
- 1 Prise weißer Pfeffer gemahlen
- Salz, Zucker
- Neutrales Pflanzenöl

Zubereitung:

1. Hähnchenbrustfilet vorher im Wasser waschen und in 2 cm breite Streifen, dann in Würfelchen schneiden.
2. 1 Teelöffel Salz, 1 Prise Pfeffer, 1 Esslöffel Reiswein oder alternativ Sherry hinzufügen, gut rühren; ein halbes Eiweiß zufügen und weiterrühren; dann 1 Esslöffel Speisestärke dazu, gut mischen. Zum Schluss 1 Esslöffel Öl untermischen, gleichmäßig umrühren, um ein Verkleben zu verhindern. Die Masse marinieren lassen.
3. Die Frühlingszwiebel in 1 cm lange Stücke schneiden. Die Knoblauchzehen, Ingwer und Peperoni (oder Trockenchili) zerhacken. Wer keine scharfen Speisen verträgt, kann die Peperoni-Samen mit einem Teelöffel entfernen und die Menge reduzieren.
4. Die Kerne der Gurke entfernen, die Karotten schälen, beide in gleich große Streifen und dann in Würfelchen wie Hähnchenbrustfilet schneiden.
5. Soße vorbereiten: In einer Schüssel 1/2 Esslöffel Zucker geben, 3 Esslöffel dunklen Reisessig oder Balsamico-Sauce, 1 Esslöffel helle Sojasauce oder Würze, 1/2 EL dunkle Sojasauce, 1 Prise Pfeffer, 1 Teelöffel Speisestärke, 1 Prise Salz, 2 Esslöffel Wasser hinzugeben, umrühren.

6. Etwa 2 Esslöffel Öl im Wok bis zu 50% erhitzen und das marinierte Hühnerbrustfilet darin für ca. 2 Minuten durchbraten und auf einen Teller herausholen.
7. Zerhackte Knoblauchzehen, Ingwer, Peperoni und Frühlingszwiebel in der Pfanne mit 2 Esslöffel Öl und 1 Prise chinesischem Szechuan (Sichuan)-Pfeffer dazu anbraten, dann die Karotte hinzugeben und glasig braten. Hähnchenbrustfilet und Gurkenstücke untermischen, die Soße übergießen und die Mischung unter häufigem Wenden gleichmäßig kurz anbraten. Zum Schluss die Erdnüsse beimischen, den ganzen Inhalt zum Servieren auf einen großen Teller anrichten.

Servieren: Mit Reis so schnell wie möglich warm servieren.

Geheimtipp: Mit Erdnussöl als Pflanzenöl schmeckt es bei diesem Gericht am besten. Es kann auch ein paar Tropfen Sesamöl aus gerösteter Sesamsaat (nicht kaltgepresst) beigemischt werden, um den Geschmack zu verfeinern.

3. Rührei mit Tomaten und Champignons

 Geschichte:

Der offizielle Name der Tomate ist Lycopersicon esculentum.

In Peru und Ecuador in Südamerika beheimatet, ist sie in den Anden noch in ihrer ursprünglichen Wildform zu finden und wurde später in Mexiko zu einer Kultursorte domestiziert. Die leuchtend rote Frucht wurde zunächst als Zierpflanze in Gärten verwendet, aber erst nach und nach verzehrt. Die ersten Esser waren die Maya und die Ureinwohner Südmexikos, die sie roh und ungekocht aßen. 1590 kamen die Tomaten nach England, wo ein Arzt namens Gerald Heber meinte, sie seien giftig, wenn sie gekocht werden, so dass Amerikaner und Engländer sie nicht als alltägliches Gemüse, sondern nur als Frucht im Sommer aßen, nicht gekocht, während man in Spanien und Italien begann, damit zu kochen.

Im 17. Jahrhundert entdeckten britische Seeleute eine Sauce, die von Seeleuten in Südchina zum Marinieren von Fisch verwendet wurde (hergestellt aus Nüssen und Pilzen) und fanden sie so schmackhaft, dass sie sie »Ketchup« nannten, was sich dann nach England verbreitete, wo man begann, alle herzhaften, dicken Saucen mit vielen Gewürzen »Ketchup« zu nennen. Zu den Zutaten gehörten Walnüsse, Sardellen, Pilze, Gurken usw., aber in keinem der Ketchups wurden Tomaten verwendet. Der Amerikaner Henry Heinz wurde mit dem Ketchup kreativ und fügte der Soße Tomaten hinzu, was der gewürzte Tomatenketchup ist, den wir heute kennen.

Da die Chinesen das Gemüse aus hygienischen Gründen traditionell nicht gerne roh aßen, haben sie versucht, Tomaten für ihre Gerichte zu kochen und fanden den Geschmack einzigartig und lecker. In Südchina kochte man Tomaten und Rühreier zusammen, was ein großer Hit wurde. Da Tomaten und Eier preiswert und einfach zu kochen sind, wurden sie in China schnell beliebt, für Arm und Reich, Jung und Alt.

Nachdem ich nach Deutschland kam, fand ich heraus, dass die Deutschen Zwiebeln, Pilze und Curry mögen, also fügte ich Zwiebeln, Pilze und Curry zum Rührei mit Tomaten hinzu und stellte fest, dass es allen schmeckte.

Ich habe nun das Rezept niedergeschrieben. Wenn es erfolgreich wird, hoffe ich, dass man meinen Namen nicht so schnell vergessen wird. Ich habe nichts dagegen, wenn man zum Beispiel das Rezept als »**Yun-Hua-Tomaten und Eier**« bezeichnet☺.

 **Witze:**

1. Ein älterer Mann im Hochgeschwindigkeitszug aß neben mir gerade Pommes frites mit Tomatenketchup und tropfte plötzlich Ketchup auf meinen Schuh. Ich schaute ihn an und er starrte mich an. Nach drei Sekunden stiller Zeit reichte er mir ein Stück Pommes frites.

2. Eine Frau überreichte ihrem Mann einen Einkaufszettel, er sollte einkaufen gehen. Bevor er das Haus verließ, sagte sie zu ihm: »Vergiss nicht, Tomatenketchup auf den Einkaufszettel hinzuzufügen.« Eine Stunde später kam der Ehemann zurück und die Frau wurde wütend, als sie feststellte, dass er viele Dinge nicht gekauft hatte und fragte, warum, worauf der Ehemann antwortet: »Du ließest mich Tomatenketchup auf meinen Einkaufszettel schmieren, ich

konnte dann den Zettel nicht mehr richtig lesen, was darauf stand, also wie soll ich alles kaufen?«

Arbeitszeit: ca. 10 Minuten   **Kochzeit:** ca. 10 Minuten

Gesamtzeit: ca. 20 Minuten

 Zutaten für 2 Personen:

- 4 Eier
- Tomaten ca. 500 g
- Champignons ca. 100 g
- 1 Stück Zwiebel ca. 100 g
- 1 EL Schnittlauch geschnitten
- 1 EL Currypulver
- 2 EL Tomatenketchup
- Neutrales Pflanzenöl

 Zubereitung:

1. Tomaten putzen, waschen, mit heißem Wasser überbrühen, häuten, danach würfeln. Zwiebeln schälen und fein würfeln. Champignons waschen, putzen und klein schneiden. Schnittlauch waschen, in kleine Röllchen schneiden.
2. Die Eier in einer Schüssel mit 1 Prise Salz und 4 Esslöffel Wasser rühren und verquirlen.
3. 2 Esslöffel Öl in der Pfanne erhitzen und die Rühreier bei mittlerer Hitze unter Rühren kurz braten bis sie

zu 90% fest geworden sind, die Rühreier herausnehmen.
4. 1 Esslöffel Öl in der Pfanne erhitzen, Zwiebeln darin für ca. 2 Minuten glasig werden lassen, anschließend Champignons zufügen, unter gelegentlichem Wenden ca. 3 Minuten andünsten. Tomatenwürfel geben, unter ständigem Wenden braten bis sie zähflüssig werden.
5. Gebratene Rühreier hinzugeben, 1 Teelöffel Salz, 1 Esslöffel Currypulver, 2 EL Tomatenketchup, etwas Wasser je nach Zähflüssigkeit zufügen, einrühren und kurz mitbraten, Schnittlauch bestreuen, fertig.

Servieren: Dazu schmeckt Reis oder Salzkartoffeln.

Geheimtipp: Mit Erdnussöl als Pflanzenöl schmeckt es bei diesem Gericht am besten.

4. Geschmorter Tofu

 Geschichte:

Der Legende nach gab es vor 2.200 Jahren in Huainan, China, einen König namens Liu An, der sich gut mit dem Taoismus auskannte. Er träumte von Unsterblichkeit und suchte eifrig nach einem magischen Elixier und scheute keine Kosten, um eine Vielzahl von Praktizierenden dieser Kunst anzuwerben.

Eines Tages experimentierte eine Gruppe von Forschern auf Anweisung von Liu An am Berg Bagong. Sie zündeten ein loderndes Feuer an, fügten der Sojabohnenmilch Salzlake hinzu, um neue Zutaten für das Elixier vorzubereiten. Das Elixier, nach dem sich Liu An sehnte, wurde nicht erreicht, aber die Bohnenmilch und die Salzlake reagierten chemisch und verwandelten sich in zarten und köstlichen Tofu. Dies ist der älteste Tofu der Welt.

Da Tofu einfach zuzubereiten und nahrhaft ist, verbreitete er sich bald auf der ganzen Welt. Heutzutage gibt es viele verschiedene Arten von Tofu, und es gibt viele verschiedene Möglichkeiten, ihn zu kochen und essen, und er ist zu einem sehr beliebten Nahrungsmittel bei Menschen aus der ganzen Welt geworden.

Im Chinesischen hat »Tofu essen« noch eine andere Bedeutung, nämlich »mit einer hübschen Frau flirten«, was aus der alten chinesischen Literatur herrührt, in der immer wieder eine hübsche Frau beschrieben wird, die Tofu verkauft und ein besonders gutes Geschäft macht. Vielerorts wird eine schöne Frau aus armen Verhältnissen auch »Tofu-Mädchen« genannt.

 Witze:

– Was war der sicherste Beruf im alten China?

– Tofumeister/in!

– Warum?

– Wenn der Tofu zu hart ist, wird es Bohnenkäse; wenn er zu weich ist, wird es Bohnenquark; wenn er zu trocken und dünn ist, wird es Tofu-Blätter; wenn er zu flüssig ist, wird es Sojamilch; wenn er zu salzig ist, wird es eingelegter Tofu;

wenn er verfault ist, wird es Stink-Tofu (eine Spezialität Chinas).

⏱ **Arbeitszeit:** ca. 10 Minuten   ⏱ **Kochzeit:** ca. 15 Minuten

⏱ **Gesamtzeit:** ca. 25 Minuten

 Zutaten für 2 Personen:

- 250 g Tofu
- 1 Stück Peperoni oder Paprika
- 1 Stück Frühlingszwiebel
- 3 Knoblauchzehen
- 1 TL Kreuzkümmel gemahlen
- 2 Eier
- Helle Sojasauce oder Würze
- Worcestersauce (optional)
- 1 EL Sesam
- Speisestärke
- Salz, Zucker
- Weißer Essig
- Chinesischer Reisessig oder dunkler Balsamico
- Neutrales Pflanzenöl

Zubereitung:

1. Den Tofu in Würfel schneiden und im heißen Wasser einweichen.
2. Die Knoblauchzehen und Frühlingszwiebel zerhacken; 1 Stück Peperoni zerhacken. Wer keine scharfen Speisen verträgt, kann auch Paprika benutzen.
3. Soße zubereiten: 1 Teelöffel Kreuzkümmelpulver, 1 Esslöffel weißen Sesam, 1 Esslöffel Worcestersauce, 2 Esslöffel Sojasauce oder Würze, 2 Esslöffel chinesischen Reisessig oder dunklen Balsamico, 1 Esslöffel Zucker in eine Schüssel geben, gut mischen und beiseitestellen.
4. Die Eier in einer Schüssel verquirlen, 2 Tropfen weißen Essig und 1 Prise Salz hinzufügen und den Tofu abtropfen lassen, in die Eiermischung einlegen, leicht und gleichmäßig verrühren.
5. 2 Esslöffel Öl in einer Pfanne erhitzen und den Tofu unter leichtem Wenden goldbraun anbraten, zum Schluss den Rest der Rühreier zufügen und fest braten, den ganzen Inhalt herausholen.
6. 1 Esslöffel Öl in der Pfanne erhitzen, Knoblauchzehen und Peperoni oder Paprikastückchen darin anbraten, den gebratenen Tofu hineingeben, unter Wenden kurz anbraten, mit der Soße ablöschen, je nach

Geschmack etwas Wasser dazu, umrühren, Frühlingszwiebel darüber streuen, fertig.

 **Servieren:**

Dazu passt Reis.

 Geheimtipp:

Man könnte in der Soße auch 2 Esslöffel Tomatenketchup hinzugeben, schon hat man etwas anderen Geschmack gewonnen.

5. Pochiertes Rindergeschnetzeltes

 **Geschichte:**

Dieses Gericht stammt aus der Gegend Zigong in der chinesischen Sichuan-Provinz. In der Antike war Zigong der Hauptproduzent von Brunnensalz. Die Menschen installierten Winden auf den Salzbrunnen und nutzten die Kraft von Ochsen, um das Salzwasser zu fördern. Da die Arbeit sehr hart war, hatte selbst ein starker Ochse, der diese Art von Arbeit verrichtete, nach etwa 3 - 6 Monaten keine Kraft mehr. So ließen die Brunnenbetreiber oft die ausgedienten Ochsen ausschlachten und das Fleisch an Salzarbeiter verteilen.

Die Salzarbeiter hatten jedoch keine gute Möglichkeit, das Rindfleisch zu kochen, also mussten sie es ins Wasser legen und mit etwas Salz kochen. Damit das Rindfleisch besser schmeckte, fügten sie noch etwas Chili und lokalen Pfeffer hinzu. Da die Fleischmenge oft zu groß war, verteilten die Salzarbeiter das gekochte Fleisch auch gerne an andere

Menschen in der Nähe. Nach und nach lockte es viele Menschen zum Essen an, und schließlich ist es zu einer lokalen Spezialität geworden. Dieses Gericht ist inzwischen in China weit und breit bekannt.

Arbeitszeit: ca. 10 Minuten

Ruhezeit: ca. 20 Minuten

Gesamtzeit: ca. 30 Minuten

 Zutaten für 4 Personen:

- 300 g Entrecôte vom Rind
- Kohlrabi oder Rettich ca. 200 g
- 1 Ei
- Bier
- 1 Stück Frühlingszwiebel ca. 15 g
- Chinesischer Szechuan (Sichuan)-Pfeffer gemahlen 1g
- Sojabohnenpaste 1 EL
- Helle Sojasauce oder Würze
- 4 Knoblauchzehen
- Chili-Pulver oder Paprikapulver
- Mais-Speisestärke 1 EL
- Salz
- Weißer Pfeffer gemahlen

Zubereitung:

1. Das Rindfleisch in ganz dünne Scheiben schnetzeln, in eine große Schüssel geben und im fließenden Wasser waschen, bis das Blut von dem Fleisch ausgewaschen ist und das Fleisch weiß wird. Wasser von dem Fleisch auspressen. 1 Esslöffel Maisstärke, 1 Teelöffel Salz, 1 Teelöffel Pfeffer und eine kleine Menge Bier zusammengeben, gut vermischen, bis eine dicke Masse entsteht, dann ein Eiweiß hinzufügen, gut umrühren. Schließlich 1 Esslöffel Speiseöl hineingeben und nochmals umrühren. Das Fleisch etwa 20 Minuten marinieren lassen.
2. Frühlingszwiebel und Knoblauchzehen hacken, Kohlrabi oder Rettich schälen und in dünne Scheiben schneiden.
3. 2 Esslöffel Öl in einer Pfanne erhitzen, Sojabohnenpaste, gehackte Knoblauchzehen und Frühlingszwiebel darin bei schwacher Hitze anbraten, je nach Belieben 1-2 Esslöffel Chilipulver hinzufügen, bis das Öl rot wird. Wer keine scharfen Speisen verträgt, kann auch Paprikapulver verwenden.
4. 1 Liter Wasser in die Pfanne gießen, 1 Teelöffel Salz, 1 Prise chinesischen Szechuan (Sichuan)-Pfeffer, 2 Esslöffel helle Sojasauce oder Würze hinzugeben und das Wasser zum Kochen bringen.

5. Kohlrabi- oder Rettich-Scheiben in der roten Suppe etwa 3 Minuten durchgaren und dann herausholen.
6. Die marinierten Rindfleischscheiben in brodelndes Wasser gleichmäßig verteilen und kurz für etwa 1 Minute pochieren, bis die Fleischfarbe weiß wird.
7. Die Suppe in eine große Suppenschale ausgießen und mit vorher gekochten Kohlrabi- oder Rettich-Scheiben belegen.

 Servieren:

Dazu passt Reis, Salzkartoffel.

 Geheimtipp:

Das Rindfleisch sollte nicht zu lange in der Suppe pochiert werden, da es sonst nicht mehr so zart schmeckt wie vorgesehen. Die Suppe wird in China auch gerne mit etwas Schnittlauch oder Koriandergrün abgerundet.

6. Kartoffelpfannkuchen mit Eiern

⏱ **Arbeitszeit:** ca. 5 Minuten ⏱ **Kochzeit:** ca. 5 Minuten

⏱ **Gesamtzeit:** ca. 10 Minuten

 Zutaten:

- Kartoffeln 2 Stück ca. 250 g
- 3 Eier
- 1 Prise Szechuan-Pfeffer gemahlen (alternativ weißer Pfeffer)
- Frühlingszwiebel oder Schnittlauch ca. 10 g
- 1 EL Speisestärke
- 1 Teelöffel Gemüsebrühe-Pulver
- Neutrales Pflanzenöl

 Zubereitung:

1. Kartoffel schälen und mit Küchenmaschine oder manuell raspeln.
2. 3 Eier hinzufügen, dazu noch 1 Esslöffel Speisestärke, 1 Teelöffel Gemüsebrühe, 1 Prise gemahlenen Szechuan-Pfeffer (alternativ weißer Pfeffer); Frühlingszwiebel oder Schnittlauch zerhacken und hinzugeben. Die ganze Masse gut mischen.

3. 2 Esslöffel Öl in die Pfanne geben, die Masse in der Pfanne gleichmäßig verteilen und bei mittlerer Hitze braten. Wenn der Pfannkuchen sichtbar fest geworden ist, sofort wenden, kurz goldbraun braten und aus der Pfanne nehmen.

 Servieren:

Geeignet zum Frühstück oder zur schnellen Mahlzeit.

🔒 **Geheimtipp:**

Mit chinesischem Szechuan-Pfeffer, auch als »Sichuan-Pfeffer« bezeichnet, schmeckt es am besten.

7. Ameisen am Baum

 **Legende:**

Vor mehr als 400 Jahren gab es in Chuzhou, China, ein kleines Mädchen namens Dou E. Ihre Mutter war seit ihrer Kindheit tot. Ihr Vater war ein armer Gelehrter. Er musste eines Tages in die Hauptstadt gehen, um an einer Amtsprüfung teilzunehmen. Da ihm das nötige Reisegeld fehlte, verkaufte er in größter Eile seine siebenjährige Tochter an die Familie Cai als Kinderbraut. Dou E wurde im Alter von siebzehn Jahren mit Cais Sohn verheiratet, doch nach nur zwei Jahren wurde ihr Mann krank und starb, sodass Dou E und ihre Schwiegermutter voneinander abhängig waren.

Es gab einen lokalen Schurken namens Zhang Lüer. Er liebäugelte mit Dou E und wollte sie zwingen, ihn zu heiraten. Die Schwiegermutter Cai war damit nicht einverstanden und Zhang Lüer hegte einen Groll. Ein paar Tage später wurde die Schwiegermutter Cai krank. Zhang Lüer brachte Gift mit und schleppte seinen Vater zu Oma Cai, indem er vorgab, besorgt zu sein. Er suchte nach

Möglichkeiten, zuerst die Schwiegermutter Cai zu vergiften und dann Dou E zur Heirat zu zwingen. Damals kochte Dou E eine Schüssel Schafskuttelsuppe und stellte sie ihrer Schwiegermutter in die Küche. Zhang Lüer nutzte die Gelegenheit, die Suppe zu vergiften. Die giftige Suppe wurde aber unerwartet von Zhang Lüers Vater entdeckt, der von der duftenden Suppe angezogen wurde und heimlich ein paar Löffel davon aß – er wurde tödlich vergiftet. Zhang Lüer war dadurch so wütend, dass er die Schwiegermutter Cai wegen Mordes anklagte.

Vor dem Gericht wollte der korrupte Gouverneur von Chuzhou die alte Dame zu einem Geständnis zwingen, ohne zu recherchieren. Als Oma Cai dies verneinte, wollte der Gouverneur Frau Cai vor den Augen von Dou E foltern. Dou E dachte, dass ihre Schwiegermutter zu alt sei, um diese Folter zu ertragen, also sagte sie, sie hätte ihn vergiftet. Der korrupte Gouverneur verurteilte daraufhin Dou E zum Tode und hat sie hinrichten lassen.

Später wurde Dou E's Vater ein hoher Beamter in der Hauptstadt. Als er in seine Heimatstadt zurückkehrte, war er entsetzt, als er diesen ungerechten Fall von seiner Tochter erfuhr. Er ließ diesen Fall erneuert untersuchen und der Mörder Zhang Lüer wurde zum Tode verurteilt, auch der korrupte Gouverneur wurde bestraft.

Dieses Gericht »Ameisen am Baum« stammt von Dou E. Zu dieser Zeit hatten sie und ihre Schwiegermutter ein hartes

Leben und sie hatten kein Geld, um Fleisch zu kaufen. Dou E versuchte dennoch, das Essen so lecker wie möglich zu kochen, weil es ihrer Schweigermutter nicht so gut ging.

Eines Tages ging Dou E zum Metzger Wang, um ein Stück Fleisch auf Kredit zu kaufen. Aber Wang weigerte sich, weil Dou E zu oft auf Kredit Fleisch gekauft hatte, ohne es zurückzahlen zu können. Schließlich wurde Metzger Wang überredet. Also schnitt er einfach ein kleines Stück Schweinefleisch ab und gab es ihr.

In der Küche dachte Dou E darüber nach, was sie mit einem so kleinen Stück Schweinefleisch kochen konnte. Plötzlich fiel es ihr ein, dass unter dem Schneidetisch noch Glasnudeln übrig waren. Mit einem klugen Schachzug fing sie an zu kochen. Dou E legte die Glasnudeln zuerst ins Wasser zum Einweichen ein, dann schnitt sie dieses kleine Stück Fleisch in Mini-Hackfleischstückchen und briet es im Öl, fügte Frühlingszwiebeln, Ingwer, Knoblauch, Chili und andere Gewürze hinzu. Nach nur kurzer Weile wurde ein schmackhaftes Gericht – gebratene Glasnudeln mit Hackfleisch serviert! Die Schwiegermutter roch den Duft und fragte Dou E, was sie gekocht hatte. Dou E bat ihre Schwiegermutter hastig um eine Kostprobe, und ihre Schwiegermutter probierte es, dann starrte sie auf das Gericht, fragte seltsam: »Was sind die Dinge an den Nudeln, die wie Ameisen aussehen?«

Also hat Dou E dann die ganze Geschichte erzählt und ihre

Schwiegermutter lachte und meinte: »Diese Hackfleischstückchen sehen wirklich aus wie Ameisen an Baumästen, also nennen wir dieses Gericht einfach ›Ameisen am Baum!‹«

So wurde dieses schmackhafte Gericht geboren!

⏱ **Arbeitszeit:** ca. 10 Minuten   ⏱ **Ruhezeit:** ca. 20 Minuten

⏱ **Gesamtzeit:** ca. 30 Minuten

 Zutaten für 2 Personen:

- 50 g Schweinehackfleisch
- Glasnudeln 100 g
- Chilischote oder Chili-/Paprika-Pulver
- 1 Stück Frühlingszwiebel ca. 10 g
- Ingwer 1 Scheibe ca. 5 g
- 3 Knoblauchzehen
- Helle Sojasauce oder Würze 1 EL
- Dunkle Sojasauce ½ EL (optional)
- Sojabohnenpaste 1 EL
- Essig
- Weißer Pfeffer gemahlen
- Neutrales Pflanzenöl

Zubereitung:

1. Die Glasnudeln 20 Minuten lang in warmem Wasser einweichen, mit einer Schere ein wenig kürzer schneiden.
2. Ingwer, Knoblauchzehen und Frühlingszwiebel fein hacken. Frühlingszwiebel in weiße und grüne Teile trennen.
3. 2 Esslöffel Öl in einer Pfanne erhitzen, Knoblauchzehen, Ingwer und weiße Frühlingszwiebel darin glasig braten, dann das Hackfleisch in die Pfanne zufügen, dazu ein paar Tropfen Essig geben, das Fleisch bis zur weißen Farbe anbraten. Chilischote oder Chili-/Paprika-Pulver je nach Belieben zugeben, 1 Esslöffel Sojabohnenpaste zufügen, kurz wenden und mitbraten. 100 ml Wasser angießen, 1 Esslöffel helle Sojasauce, ½ Esslöffel dunkle Sojasauce hinzufügen, aufkochen.
4. Glasnudeln abtropfen, in die Pfanne geben und köcheln bis die Soße eindickt. Grüne Frühlingszwiebel zugeben, umrühren und zum Servieren herausholen.

 **Servieren:**

Dazu passt Reis.

 Geheimtipp:

In der Pfanne sollte lieber etwas mehr Flüssigkeit verbleiben, weil die Glasnudeln ganz schnell die Flüssigkeit aufnehmen.

8. Grüner Spargelsalat vegan

⏱ **Arbeitszeit:** ca. 15 Minuten   ⏱ **Kochzeit:** ca. 5 Minuten

⏱ **Gesamtzeit:** ca. 20 Minuten

 Zutaten:

- 400 g – 500 g frischer grüner Spargel
- 50 g marinierte Essig-Knoblauchzehen
- 10 EL Mayonnaise
- 1 Prise weißer Pfeffer gemahlen
- 10 EL fertige Salatwürze
- Salz

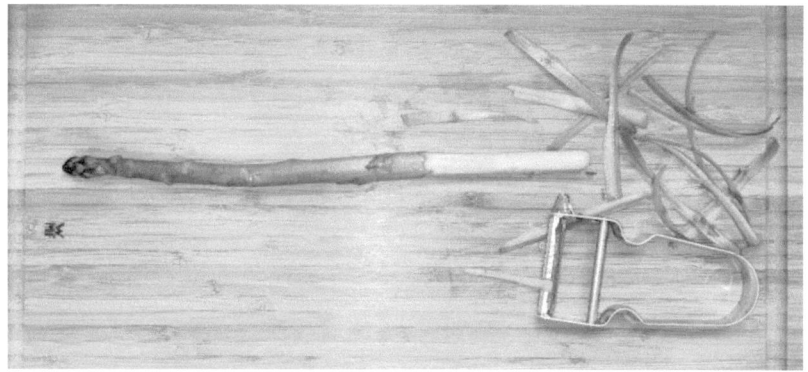

 Zubereitung:

1. Spargel waschen, auf einem Schneidebrett im unteren Drittel schälen und die Enden abschneiden, zum Schluss die Spargelstangen halbieren. Bei harten

Spargelstangen einfach das untere Drittel abschneiden.
2. Spargel in reichlich kochendem Salzwasser einlegen, für ca. 2 Minuten leicht bissfest garen, abgießen und sofort mit kaltem Wasser abschrecken, damit der Spargel grün und knackig bleibt.
3. Die marinierten Essig-Knoblauchzehen im Mixbecher mit Stabmixer oder ähnlichem Küchengerät unter Zugabe von etwa 10 Esslöffeln Salatwürze, 1 Prise Pfeffer, ½ Teelöffel Salz zerkleinern und mixen, danach 10 Esslöffel Mayonnaise zugeben und rühren.
4. Die Masse mit einem Löffel auf dem Spargel gleichmäßig verteilen.

Servieren:

Der Spargel kann mit roten Cherrytomaten am Rand des Tellers garniert werden.

Geheimtipp:

Mit Eiswasser abgeschreckter Spargel schmeckt noch knackiger.

9. Auberginen-Lachs-Pfanne

⏱ **Arbeitszeit:** ca. 15 Minuten   ⏱ **Kochzeit:** ca. 15 Minuten

⏱ **Gesamtzeit:** ca. 30 Minuten

 Zutaten für 4 Personen:

- 300 g Lachsfilet ohne Haut
- Auberginen ca. 500 g
- 1 Stück Frühlingszwiebel ca. 15 g
- Ingwer 2 Scheiben
- 3 Knoblauchzehen
- Helle Sojasauce oder Würze
- 2 EL Reiswein oder alternativ Sherry, trockener Wein
- Chinesischer Reisessig oder dunkler Balsamico
- Speisestärke
- 30 g Schinkenwürfel
- Salz, Zucker
- Weißer Pfeffer gemahlen

Zubereitung:

1. Lachs in Würfel schneiden, 1 Esslöffel Reiswein (alternativ Sherry / trockener Weißwein) hinzugeben, dazu noch 1 Prise Pfeffer, 2 Teelöffel Salz, umrühren und ziehen lassen.
2. Auberginen putzen, waschen, in Würfel schneiden dann sofort in Mikrowellenofen für 5 Minuten unter einem Deckel garen, danach abkühlen lassen.
3. Lachswürfel in eine Pfanne geben, 100 ml kaltes Wasser zufügen, dazu noch 2 Scheiben Ingwer ins Wasser einlegen. Lachs unter mittlerer Hitze und aufgesetztem Deckel für ca. 5 Minuten gar kochen bis die Lachsoberfläche weiß wird, dann den Deckel entfernen, weiterkochen bis das Wasser völlig ausgedunstet ist. Die Lachswürfel vorsichtig umdrehen, weiter in eigenem Lachs-Öl bei kleiner Hitze anbraten bis beide Seiten goldbraun werden.
4. Auberginen abtrocknen lassen und ½ Teelöffel Salz, 1 Esslöffel Speisestärke zugeben und mischen, Knoblauchzehen zerhacken.
5. Die durchgebratenen Lachswürfel aus der Pfanne holen und auf einen Teller legen, zerhackte Knoblauchzehen und Schinkenwürfel in der Pfanne mit Lachs-Öl kurz anbraten (sollte in der Pfanne zu wenig Lachs-Öl vorhanden sein, kann 1 Esslöffel

Pflanzenöl dazugegeben werden), dann Auberginen in die Pfanne hinzugeben, etwa 1 Minute anbraten.
6. Gebratene Lachswürfel hinzugeben, dazu noch 200 ml Wasser, 2 Esslöffel helle Sojasauce oder Würze, 1 Esslöffel Zucker, 1 Esslöffel chinesischen Reisessig oder dunklen Balsamico, mit etwas Pfeffer würzen, leicht umrühren und aufkochen, bis es sich zu einem dicken, würzigen Pfannengericht verwandelt. Zum Schluss mit etwas Salz abschmecken, mit frischen Frühlingszwiebeln abrunden.

 **Servieren:**

Dazu passt Reis, Kartoffeln oder Nudeln.

Geheimtipp:

Qualitativ frisches Lachsfilet enthält reichlich Omega3-Öl, das sehr gesund fürs Herz ist, deswegen wird hier absichtlich auf Zugabe von Pflanzenöl verzichtet. Statt des Mikrowellenofens können die Auberginen auch mit Dampfgarer vorgekocht werden, allerdings dauert es länger. Die Auberginen sollten nach dem Schneiden nicht zu lange ungekocht an der Luft bleiben, da sie sich sonst schwarz verfärben.

10. Chinakohlsuppe mit Fleischklößchen

🕐 **Arbeitszeit:** ca. 15 Minuten 🕐 **Kochzeit:** ca. 15 Minuten

🕐 **Gesamtzeit:** ca. 30 Minuten

 Zutaten für 4 Personen:

- 250 g Schweinehackfleisch
- 2 – 3 Stück Kartoffeln ca. 250 g
- 2 Stück Frühlingszwiebeln ca. 30 g
- Ingwer ca. 20 g
- 3 Blätter Chinakohl
- 1 Ei
- 2 EL Reiswein oder alternativ Sherry, Bier
- 1 EL Gemüsebrühe
- Speisestärke
- 1 EL getrockneter Schnittlauch
- Salz
- Weißer Pfeffer gemahlen
- Neutrales Pflanzenöl

 Zubereitung:

1. Kartoffeln schälen, in Scheiben schneiden und im kalten Wasser eintauchen.
2. Ingwer und Frühlingszwiebeln zerhacken, die Hälfte davon im Mixbecher mit Stabmixer oder ähnlichem Küchengerät unter Zugabe von etwa 2 Esslöffeln Reiswein (alternativ Sherry / Bier) und 1 Ei zerkleinern und mixen, danach die Brühe ins Schweinehackfleisch einmischen, dazu noch 1 Prise Pfeffer, 1 Teelöffel Salz, 1 Esslöffel Speisestärke, gut mischen und umrühren.
3. Rest des zerhackten Ingwers und der Frühlingszwiebeln mit 1 Esslöffel Öl im Wok kurz anbraten und die Kartoffelscheiben darin für ca. 2 Minuten durchbraten, dann 1 Liter kaltes Wasser, 2

Teelöffel Salz, 1 Prise Pfeffer und 1 Esslöffel Gemüsebrühe hinzugeben und aufkochen.
4. Chinakohl waschen und in Streifen schneiden.
5. Die Fleischmischung mit Hilfe von 2 Esslöffeln oder direkt per Hand in Bällchen formen und in brodelnde Suppe hineingeben, Chinakohl darüber verteilen und die Suppe zugedeckt bei mittlerer Temperatur für 5 Minuten garen lassen.
6. Die fertige Suppe in eine große Suppenschüssel geben und 1 Esslöffel getrockneten Schnittlauch darüber streuen.

 **Servieren:**

Je nach Geschmack kann man auch ein paar Tropfen Sesamöl aus gerösteter Sesamsaat (nicht kaltgepresst) hinzugeben.

Geheimtipp:

Beim nächsten Mal probieren Sie beim Garen 3 Stück Sternanis hinzuzugeben, schon hat man einen ganz anderen Geschmack gewonnen.

11. Fischsuppe mit Sauerkraut

 Geschichte:

Dieses Gericht stammt ursprünglich von den Fischerbooten im Flussdorf Jiangjin in der Nähe von der Stadt Chongqing in China. Die Legende besagt, dass die Fischer die großen Fische, die sie gefangen hatten, gegen Geld verkauften und die übrig gebliebenen kleinen Fische oft bei den Bauern am Flussufer gegen Sauerkraut eintauschten. Die Fischer kochten Sauerkraut und frischen Fisch in einem Suppentopf. Unerwartet schmeckte die Suppe wirklich lecker.

Anfang der 90er Jahre wurde dieses Gericht von Chongqing aus in ganz China populär, es hat seinen festen Platz in großen und kleinen Restaurants gefunden und ist Symbol der Chongqing-Küche geworden. Hiermit wird versucht, mit deutschen Zutaten dieses Gericht vorzustellen.

⏱ **Arbeitszeit:** ca. 15 Minuten   ⏱ **Kochzeit:** ca. 15 Minuten

⏱ **Gesamtzeit:** ca. 30 Minuten

 Zutaten für 4 Personen:

- Schwarze Heilbuttfilets o. Ä. ca. 250 g
- Sauerkraut ca. 250 g
- 2 Stück Frühlingszwiebel ca. 30 g
- Ingwer ca. 20 g
- 3 Knoblauchzehen
- Kreuzkümmel gemahlen
- 1 Ei
- 1 EL Reiswein oder alternativ Sherry, Bier
- 1 EL Gemüsebrühe
- Speisestärke, Salz
- 1 Stück Peperoni
- 30 g Schinkenwürfel
- Chinesischer Szechuan-Pfeffer (Sichuan-Pfeffer) gemahlen
- Weißer Pfeffer gemahlen
- Olivenöl

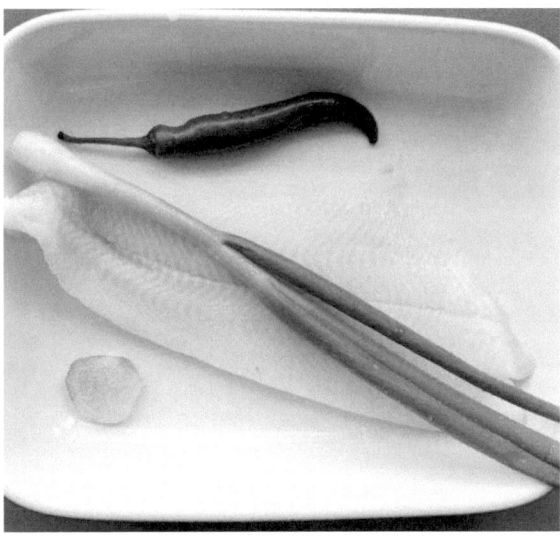

Zubereitung:

1. Schwarze Heilbuttfilets schnetzeln, 1 Esslöffel Reiswein (alternativ Sherry / Bier), 1 Teelöffel Pfeffer, 1 Teelöffel Salz, 1 Esslöffel Speisestärke und Eiweiß von einem Ei zugeben, mischen, marinieren und dann ruhen lassen.
2. Ingwer, Peperoni und 3 Knoblauchzehen zerhacken. Frühlingszwiebeln klein würfeln, dabei die untere weiße Hälfte von der oberen grünen Hälfte getrennt ablegen.
3. 2 Esslöffel Olivenöl in der Pfanne erhitzen, weiße Hälfte der Frühlingszwiebel, Peperoni und Ingwer darin glasig anbraten, dann Sauerkraut hinzugeben, für ca. 2 Minuten durchbraten, dann 1 Liter kaltes Wasser, 1 Teelöffel Salz dazu geben und für etwa 2 Minuten brodeln lassen.
4. Sauerkraut mit einem Sieblöffel von der Pfanne herausholen, in eine Suppenschale geben.
5. Die Suppe aufkochen, 1 Teelöffel Szechuan-Pfeffer (alternativ weißer Pfeffer), 1 Teelöffel Kreuzkümmel und 1 Esslöffel Gemüsebrühe hinzugeben, die Fischfilets in brodelnder Suppe gleichmäßig verteilen und für ca. 2 Minuten aufkochen, dann die ganze Suppe in die Suppenschale mit Sauerkraut geben.

6. 2 Esslöffel Olivenöl in der Pfanne erhitzen, Schinkenwürfel, Knoblauchzehen, Rest der grünen Frühlingszwiebel hinzugeben, glasig braten und anschließend über die Fischsuppe streuen.

Servieren:

Die Fischsuppe wird in China gerne mit anderen Gerichten zusammen serviert, meistens nach den Hauptgängen, weil »Fisch« im Chinesischen ähnlich klingt wie »üppig« oder »übrig«, was Reichtum bedeutet. Also, es muss nach jeder Mahlzeit noch was übrig bleiben für die Zukunft. In Deutschland passt sie gut als Vorspeise.

Geheimtipp: Wenn man frische Sojasprossen hat, kann man sie auch zu dem Sauerkraut hinzugeben, kurz aufkochen, dann zusammen mit dem Sauerkraut in die Schale legen. Wer keine scharfen Speisen verträgt, kann die Peperoni-Samen mit einem Teelöffel entfernen oder stattdessen Paprika nehmen.

12. Schweinefleisch mit Fischgeschmack

 **Legende:**

Die Legende besagt, dass es vor langer Zeit in Sichuan, China, eine Händlerfamilie gab, die Fisch liebte und sehr wählerisch war, was das Würzen anging. Sie verwendeten für Fischgerichte oft Frühlingszwiebeln, Ingwer, Knoblauch, Reiswein, Essig, Sojasauce und andere Gewürze, um den Fischgeschmack zu neutralisieren.

Einmal in der Nacht musste der Mann wegen eines Geschäfts ausgehen. Er sagte zu seiner Frau: »Ich habe Hunger, muss aber jetzt kurz ausgehen. Du kannst schon anfangen zu kochen. Ich bin gleich wieder da.«

Die Frau holte sich ein Stück Schweinefleisch heraus, das sie vor kurzem bei einem Metzger gekauft hatte, schnitt es in feinen Streifen. Als sie gerade nach passenden Zutaten suchte, sah sie nebenan eine Schüssel mit übrig gebliebenen Zutaten, die sie in der letzten Zeit für Fisch zubereitet hatte. Um die Zutaten nicht zu verschwenden, schüttete sie die Würze ohne zu zögern in das Fleisch. Als sie gerade mit dem Kochen fertig war, trat ihr Mann ins Haus ein und griff hungrig zu. Plötzlich hörte er auf, sich das Essen in den Mund zu schaufeln. Er starrte seine Frau an und fragte: »Woraus ist es gemacht?«

Die arme Dame schauderte vor Angst und bedauerte, dass sie dieses Gewürz für Fisch irrtümlich in das Schweinefleisch gegeben hatte. Sie stammelte: »Entschuldigung, ich, ich, ich habe die übrig gebliebenen Zutaten von dem Fisch in das Schweinefleisch getan.«

Unerwartet lobte ihr Mann sie aufheiternd: »Das ist lecker! Es ist egal, welche Zutaten es waren, solange es schmeckt, und so wirst du es von nun an immer machen!«

Später wurde dieses Gericht in China weit verbreitet und es erhielt den Namen »Schweinefleisch mit Fischgeschmack«. Vielen Leuten genügte dies nicht und so verwendeten sie die Zutaten auch für andere Gerichte wie Tofu, Gemüse, Leber usw.

Arbeitszeit: ca. 15 Minuten **Kochzeit:** ca. 15 Minuten

Gesamtzeit: ca. 30 Minuten

 Zutaten für 4 Personen:

- 400 g Schweinefleisch-Filet
- Mu-Err Pilze (Judas / Wolken-Ohren) 5 g (optional)
- Karotten 100 g
- 1 Stück Peperoni
- Sojabohnenpaste 1 EL (optional)
- Dunkler Reisessig o. Balsamico-Sauce 4 EL
- Helle Sojasauce oder Würze
- Dunkle Sojasauce (optional)
- Reiswein oder alternativ Sherry 2EL
- 1 Stück Frühlingszwiebel ca. 15 g
- Ingwer ca. 10 g
- 4 Knoblauchzehen
- 1 Ei
- Speisestärke 1 EL
- Salz, Zucker
- Weißer Pfeffer gemahlen
- Neutrales Pflanzenöl

Zubereitung:

1. Mu-Err-Pilze im warmen Wasser einweichen, etwas Zucker geben, damit die Pilze schneller weich werden.
2. Schweinefleisch in feine Streifen schneiden und dann im kalten Wasser waschen, bis das Fleisch weiß wird. Wasser aus dem Fleisch auspressen, 1 Teelöffel Salz, 1 Prise Pfeffer, 2 Esslöffel Reiswein oder alternativ Sherry, 1 Stück Eiweiß dazu geben, gut mischen, dann 1 Esslöffel Speisestärke zufügen, weiter mischen, zum Schluss 1 Esslöffel Öl hinzugeben, gut mischen und umrühren. Das Fleisch im Kühlschrank marinieren lassen.
3. Soße vorbereiten: In einer Schüssel 1 Esslöffel Zucker geben, 4 Esslöffel dunklen Reisessig oder Balsamico-Sauce, 2 Esslöffel helle Sojasauce oder Würze, 1 EL dunkle Sojasauce, 1 Prise Pfeffer, 1 Esslöffel Sojabohnenpaste, 1 Teelöffel Speisestärke, 1 Prise Salz, 2 Esslöffel Wasser hinzugeben, gut vermengen.
4. Die Karotten mit Küchenmaschine oder von Hand raspeln; Ingwer, Knoblauch und Frühlingszwiebel zerhacken; Peperoni in feine Streifen schneiden.
5. Mu-Err-Pilze waschen und in feine Streifen schneiden.
6. Etwa 3 Esslöffel Öl im Wok erhitzen und das marinierte Fleisch aus dem Kühlschrank zuerst im

heißen Öl für ca. 2 Minuten durchbraten und auf einen Teller geben.
7. Zerhackte Knoblauchzehen, Ingwer und Frühlingszwiebel in der Pfanne mit 2 Esslöffel Öl anbraten, dann die Mu-Err-Pilze hineingeben und glasig braten, den Rest der Zutaten untermischen und mitbraten. Zum Schluss das Fleisch unterrühren, mit Soße übergießen und unter häufigem Wenden kurz garen, alles auf einem großen Teller servieren.

Servieren: Dazu passt Reis oder gebratene Nudeln.

Geheimtipp: Wer kein scharfes Essen mag, kann auch die Kernchen der Peperoni mit einem Löffel nach dem Öffnen entfernen. Es gibt außerdem auch unscharfe bis mittelscharfe Peperoni zu kaufen. Sicher kann man auch Paprika verwenden, allerdings nur kleine Mengen (z.B. ½ Stück), da sonst der Fleischgeschmack zerstört wird.

13. Shanghai-Reispfanne

Arbeitszeit: ca. 10 Minuten **Kochzeit:** ca. 40 Minuten

Gesamtzeit: ca. 40 Minuten

 Zutaten für 2 – 3 Personen:

- 150 g Pfefferbeißer o. Cabanossi o. chinesische Salami
- Reis 200 g (z.B. Milchreis)
- 1 Stück Kartoffel ca. 100 g
- Pak-Choi ca. 400 g
- Ingwer ca. 3 g
- Salz
- Weißer Pfeffer gemahlen
- Neutrales Pflanzenöl

 Zubereitung:

1. Salamistäbchen klein schneiden. Geschälte Kartoffel in Würfelchen schneiden.
2. Den Reis waschen und in einen Reiskocher geben, Salami und Kartoffel hinzufügen, je nach Reissorte richtige Menge Wasser dazu und den Reiskocher einschalten.
3. Pak-Choi waschen und in Streifen schneiden. Ingwer zerhacken.
4. 2 Esslöffel Öl in der Pfanne erhitzen, Ingwer darin glasig braten, dann Pak-Choi hinzugeben, für ca. 1

Minute unter gelegentlichem Wenden kurz anbraten, dann mit 1 Teelöffel Salz, 1 Prise Pfeffer würzen, Pfanne vom Herd nehmen.
5. Wenn der Reiskocher zu Ende gekocht hat (oder kurz vor dem Schmorgang nach ca. 30 Minuten), fügen Sie den gebratenen Pak-Choi aus der Pfanne hinzu, durchmischen, schließen den Deckel des Reiskochers und lassen weiterköcheln.
6. Nach 5 Minuten ist die Reispfanne bereit zu genießen.

Servieren:

Die Reispfanne kann zusammen mit einer Suppe serviert werden. Idealerweise sollte der Reis nicht zu lange in dem Reiskocher warmgehalten werden, da sonst der Pak-Choi die frische grüne Farbe verliert.

Geheimtipp:

Es schmeckt noch besser, wenn anstelle von normalem Pflanzenöl Schmalz oder Sesamöl aus gerösteter Sesamsaat (nicht kaltgepresst) verwendet wird.

14. Cola-Hähnchenflügel

 **Geschichte:**

In der chinesischen Küche wird häufig geröstete Karamellfarbe für Fleischgerichte verwendet. Eines Tages wurde in einem chinesischen Restaurant in Jinan aus der Provinz Shandong eine Flasche Cola versehentlich in einen geschmorten Topf mit Hähnchenflügeln gekippt. Der Restaurantbetreiber wollte das Essen nicht so einfach wegwerfen und beschloss es für sich selbst weiter zu kochen. Beim Probeessen stellte der Betreiber fest, dass das Gericht lecker schmeckte und einen besonderen Geschmack mit einem charmanten Aroma hatte, außerdem sieht es mit der Cola-Farbe auch gut aus. Es ist sogar bequemer, die Hähnchenflügel mit Cola zu färben als mit gerösteter

Karamellfarbe und so wurde Cola in diesem Restaurant als Standardzutat eingeführt. Später breitete es sich in ganz China aus.

🕓 **Arbeitszeit:** ca. 10 Minuten   🕓 **Kochzeit:** ca. 15 Minuten

🕓 **Gesamtzeit:** ca. 25 Minuten

 Zutaten:

- Hähnchenflügel 8-12 Stück
- Cola ca. 330 ml
- Bier ca. 330 ml
- Ingwer 2 Scheiben
- Frühlingszwiebel
- 2 Blätter Lorbeer
- 2 Sternanis
- Helle Sojasauce oder Würze
- Dunkle Sojasauce
- Weißer Pfeffer gemahlen
- Gerösteter Sesam 1 EL
- Neutrales Pflanzenöl

Zubereitung:

1. Die Hähnchenflügel gut waschen.
2. Die Flügel mit einem Messer beidseitig schräg einschneiden, kaltes Wasser in den Topf geben, 1 Stück Ingwer zugeben und gemeinsam aufkochen, schwimmenden Schaum entfernen und 2 Minuten weiterkochen, herausnehmen und gut abspülen.
3. Die Hähnchenflügel mit Küchenpapier abtrocknen. Etwas Öl in die Pfanne geben, Hähnchenflügel hineingeben und von beiden Seiten goldbraun braten.
4. Cola und Bier hineingießen, bis die Flügel von der Flüssigkeit bedeckt sind. 2 Esslöffel helle Sojasauce oder Würze, 1 Esslöffel dunkle Sojasauce, eine Scheibe Ingwer, 1 Prise Pfeffer, 2 Stück Sternanis und 2 Lorbeer-Blätter hinzumischen, bei starker Hitze zum Kochen bringen, die Hitze reduzieren und ca. 5 Minuten köcheln lassen.
5. Wieder auf große Hitze gehen, umwenden, bis nur noch eine kleine Menge dickflüssiger Soße verbleibt. Hähnchenflügel herausholen und mit etwas geröstetem Sesam abrunden.

 **Servieren:**

Dazu passt Reis oder Salzkartoffel mit Salat.

 Geheimtipp:

Wer scharfes Essen mag, kann auch etwas Chilipaste oder Chilisoße hinzugeben.

15. Blitzrezept: Mais mit Trauben

Keine Zeit zu kochen? Kein Appetit im Sommer? Vegetarier? Kein Problem! Hier stelle ich ein Blitzrezept vor, das ich von einer chinesischen Uni-Mensa gelernt habe.

Arbeitszeit: ca. 5 Minuten **Kochzeit:** ca. 3 Minuten

Gesamtzeit: ca. 8 Minuten

Zutaten:

- Mais-Mix aus Maiskörnern, Karotten und Erbsen 300 g
- Trauben kernlos ca. 100 g
- Butter 1 EL
- Speisestärke 1TL
- Gemüsebrühe 1 TL

Zubereitung:

1. Trauben waschen und halbieren. 1 Teelöffel Speisestärke mit 2 Esslöffeln Wasser in einer Schüssel umrühren und zur Seite legen.
2. 1 Esslöffel Butter in die Pfanne geben, kurz erhitzen und schmelzen lassen, Mais-Mix in die Pfanne geben und aufkochen.
3. Trauben zugeben, etwa 1 Minute kurz mitbraten.
4. Zum Schluss mit Speisestärke andicken, 1 Teelöffel Gemüsebrühe dazugeben, umrühren und herausholen.

Servieren: Warm oder kalt als Hauptspeise oder Beilage servieren.

Geheimtipp: Der Mais-Mix kann entweder direkt aus der Dose oder als Tiefkühlkost genommen werden, um Zeit zu sparen, weil der Mais-Mix schon vorgekocht ist. Ansonsten muss man den Mais-Mix aus Maiskörnern, Erbsen und Möhren selber im Salzwasser vorkochen, was mehr Zeit in Anspruch nimmt.

Quellverweis Chinesisch

1. 《上海春卷》
2. 《宫保鸡丁》
3. 《华云式番茄炒蛋》
4. 《秘制豆腐》
5. 《水煮牛肉》
6. 《土豆鸡蛋饼》
7. 《蚂蚁上树》
8. 《脆绿芦笋色拉》
9. 《茄子三文鱼》
10. 《白菜肉圆煲》
11. 《酸菜鱼》
12. 《鱼香肉丝》
13. 《上海菜饭电饭煲》
14. 《啤酒可乐鸡翅》
15. 《玉米炒葡萄》